Impressum
Verlag: BABADADA GmbH, Nedderfeld 112 , 22529 Hamburg
Geschäftsführer / Verlagsleitung: Harald Hof
Druck: Books on Demand GmbH, In de Tarpen 42, 22848 Norderstedt

Imprint
Publisher: BABADADA GmbH, Nedderfeld 112 , 22529 Hamburg, Germany
Managing Director / Publishing direction: Harald Hof
Print: Books on Demand GmbH, In de Tarpen 42, 22848 Norderstedt

école

мактаб

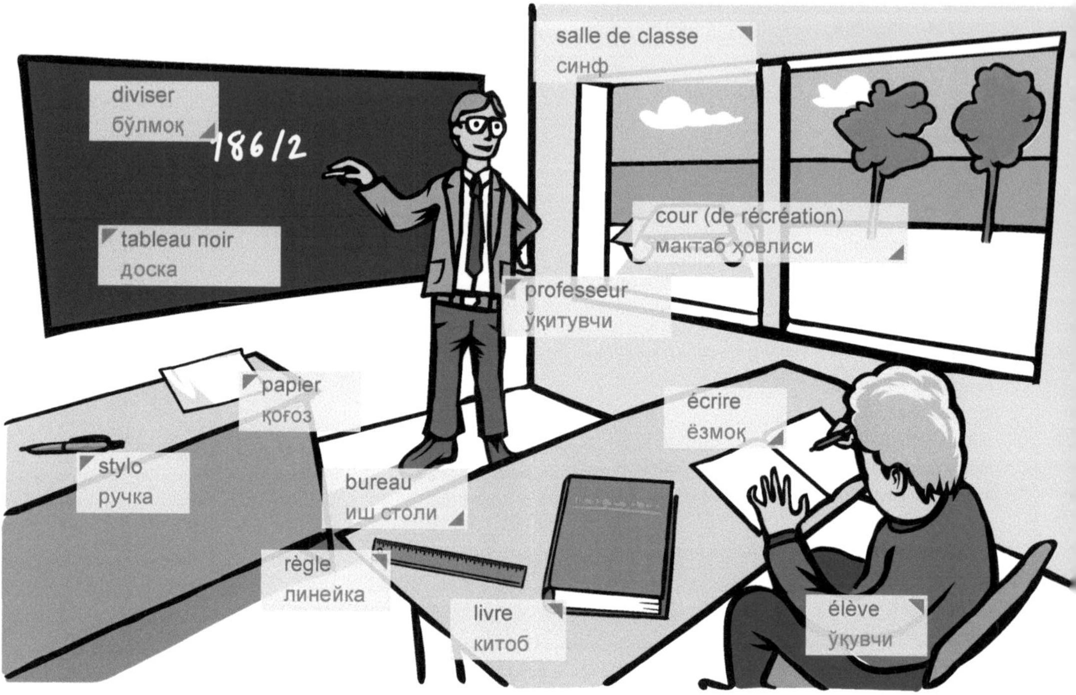
salle de classe
синф
diviser
бўлмоқ
186/2
tableau noir
доска
cour (de récréation)
мактаб ҳовлиси
professeur
ўқитувчи
papier
қоғоз
écrire
ёзмоқ
stylo
ручка
bureau
иш столи
règle
линейка
livre
китоб
élève
ўқувчи

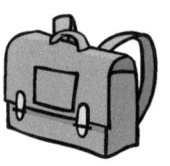

cartable

осма сумка

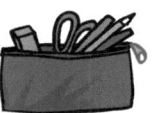

trousse

қаламдон

crayon

қалам

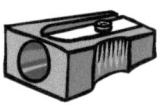

taille-crayon

қалам учлагич

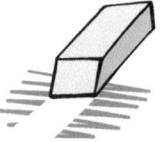

gomme

ўчиргич

carnet à dessin

расм албоми

dessin

чизмачилик

pinceau

бўёқ чўтка

boîte de peinture

бўёқдон

ciseaux

қайчи

colle

елим

cahier d'exercices

машғулот дафтари

devoirs

уй иши

12

chiffre

рақам

2+2

additionner

қўшмоқ

5-2

soustraire

айирмоқ

2×2

multiplier

кўпайтирмоқ

calculer

ҳисобламоқ

A

lettre

хат

**ABCDEFG
HIJKLMN
OPQRSTU
VWXYZ**

alphabet

алифбо

hello

mot

сўз

texte
матн

lire
ўқимоқ

craie
бўр

leçon
дарс

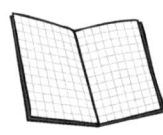

livre de classe
журнал

examen
имтиҳон

certificat
гувоҳнома

uniforme scolaire
мактаб формаси

formation
таълим

lexique
қомус

université
олийгоҳ

microscope
микроскоп

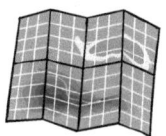

carte
харита

corbeille à papier
урна

voyage
саёҳат

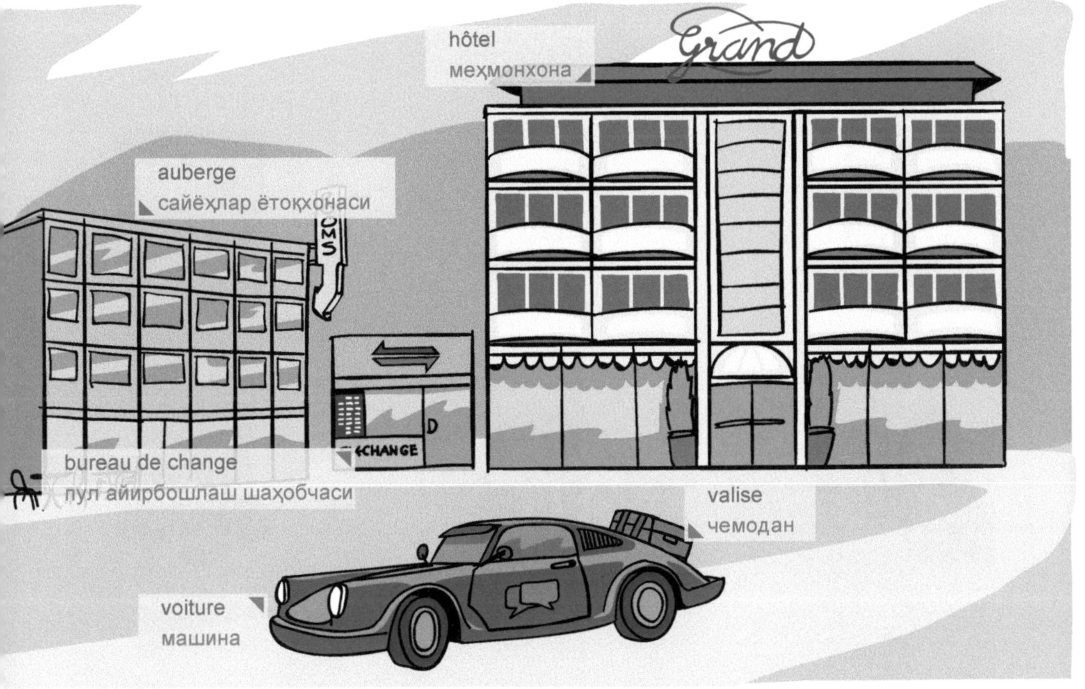
hôtel
меҳмонхона
Grand
auberge
сайёҳлар ётоқхонаси
bureau de change
пул айирбошлаш шаҳобчаси
CHANGE
valise
чемодан
voiture
машина

langue
тил

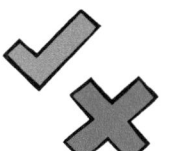

oui / non
ҳа / йўқ

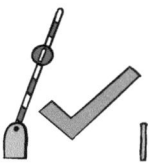

d'accord
Хўп

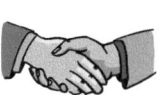

Salut
салом

interprète
таржимон

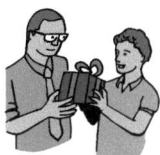

merci
Раҳмат

Combien coûte...?

неча пул...?

Je ne comprends pas

Тушунмадим

problème

муаммо

Bonsoir !

Хайрли кеч!

Bonjour !

Хайрли тонг!

Bonne nuit !

Хайрли тун!

Au revoir

кўришгунча

direction

йўналиш

bagages

йўловчи юки

sac

сафархалта

sac-à-dos

юк халта

hôte

меҳмон

pièce

хона

sac de couchage

уйқуқоп

tente

чодир

office de tourisme

саёҳларга маълумот бериш столи

plage

пляж

carte de crédit

омонат карта

petit-déjeuner

нонушта

déjeuner

нонушта

dîner

кечки овқат

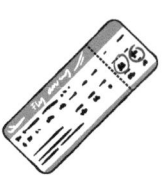

billet

чипта

ascenseur

лифт

timbre

марка

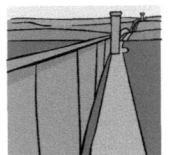

frontière

чегара

douane

божхона

ambassade

элчихона

visa

виза

passeport

паспорт

transport
транспорт

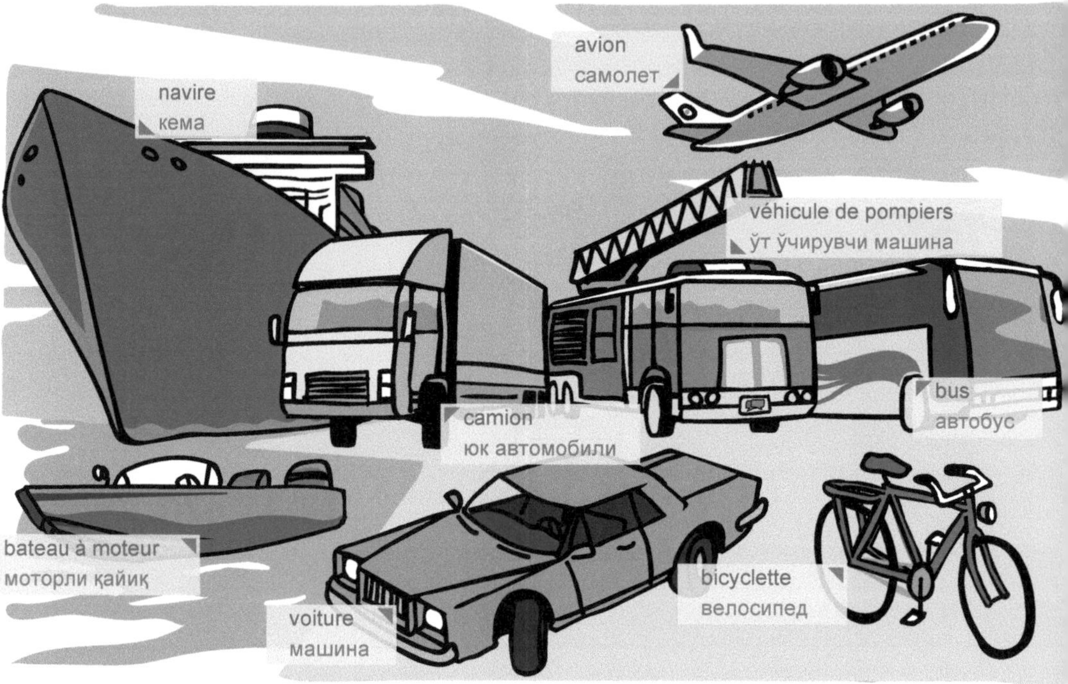

avion
самолет
navire
кема
véhicule de pompiers
ўт ўчирувчи машина
bus
автобус
camion
юк автомобили
bateau à moteur
моторли қайиқ
bicyclette
велосипед
voiture
машина

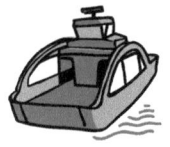

ferry

солсимон ясси кема

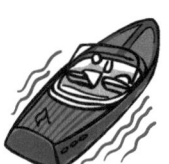

barque

қайиқ

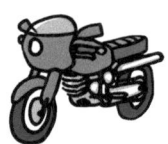

moto

мотоцикл

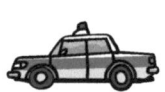

voiture de police

посбон машинаси

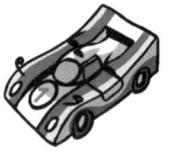

voiture de course

пойга машинаси

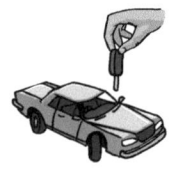

voiture de location

ижарага олинган автоулов

auto-partage

автоижара

voiture de remorquage

шатакка олувчи юк
автомобили

benne à ordures

ахлат машинаси

moteur

мотор

essence

ёқилғи

station d'essence

ёқилғи куйиш шаҳобчаси

panneau indicateur

йўл белгиси

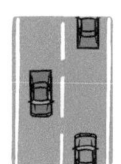

trafic

йўл ҳаракати

embouteillage

тирбанд

parking

автомобил тўхтаб туриш
жойи

gare

поезд бекати

rails

рельс

train

поезд

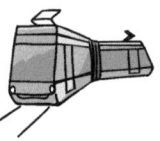

tramway

трамвай

wagon

вагон

transport - транспорт

hélicoptère

вертолёт

aéroport

аэропорт

tour

минора

passager

йўловчи

conteneur

контейнер

carton

қоғоз қути

chariot

аравача

corbeille

сават

décoller / atterrir

учмоқ / қўнмоқ

ville

шаҳар

village

қишлоқ

centre-ville

шаҳар маркази

maison

уй

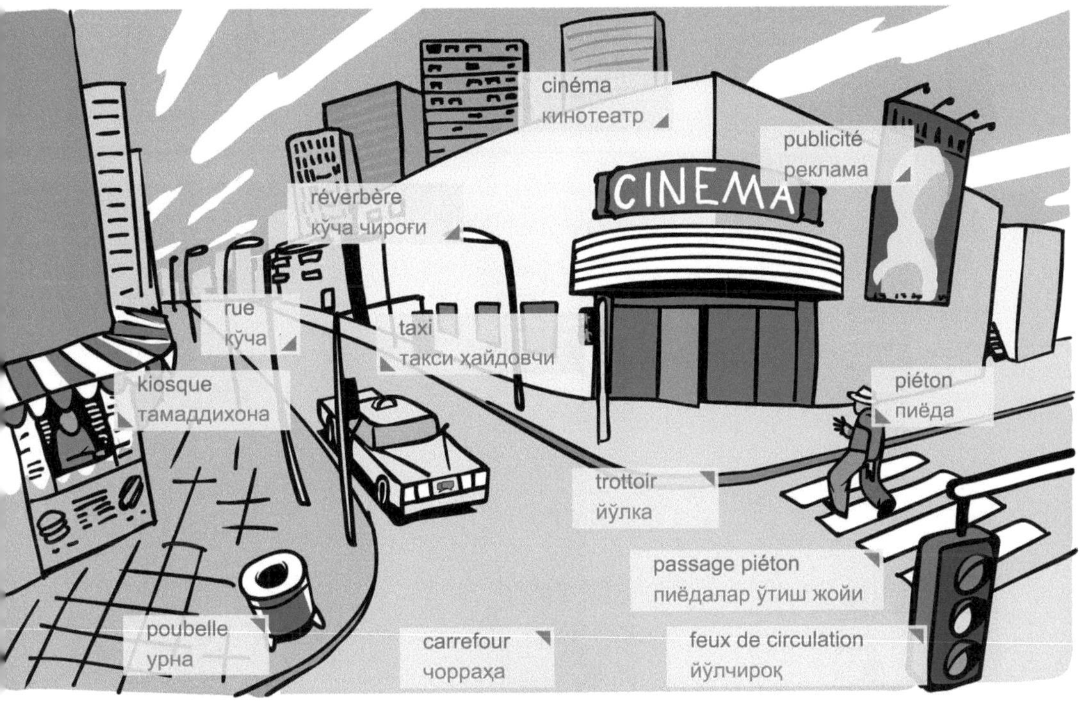

cinéma
кинотеатр

publicité
реклама

réverbère
кўча чироғи

rue
кўча

taxi
такси ҳайдовчи

kiosque
тамаддихона

piéton
пиёда

trottoir
йўлка

passage piéton
пиёдалар ўтиш жойи

poubelle
урна

carrefour
чорраҳа

feux de circulation
йўлчироқ

CINEMA

cabane
кулба

appartement
квартира

gare
поезд бекати

mairie
маҳаллий ҳокимият
биноси

musée
музей

école
мактаб

université

олийгоҳ

banque

банк

hôpital

шифохона

hôtel

меҳмонхона

pharmacie

дорихона

bureau

идора

librairie

китоб дўкони

magasin

дўкон

fleuriste

гул дўкони

supermarché

супермаркет

marché

бозор

grand magasin

универмаг

poissonnerie

балиқ дўкони

centre commercial

савдо маркази

port

бандаргоҳ

parc

истироҳат боғи

banque

банк

pont

кўприк

escaliers

зинапоя

métro

метро

tunnel

ер ости йўли

arrêt de bus

автобус бекати

bar

бар

restaurant

ресторан

boîte à lettres

почта қутиси

panneau indicateur

кўча ёзув осма тахтаси

parcmètre

тўхтаб туриш вақтини
ҳисоблагич

zoo

ҳайвонот боғи

piscine

бассейн

mosquée

масжид

ferme

чорвачилик хўжалиги

pollution

атроф-муҳит
ифлосланиши

cimetière

қабристон

église

ибодатхона

aire de jeux

болалар ўйингоҳи

temple

эхром

paysage

манзара

feuille
япроқ

panneau indicateur
йўлкўрсатгич

chemin
йўл

pré
ўтлоқ

pierre
тош

arbre
дарахт

randonneur
пиёда сайёҳ

rivière
дарё

herbe
майса

fleur
гул

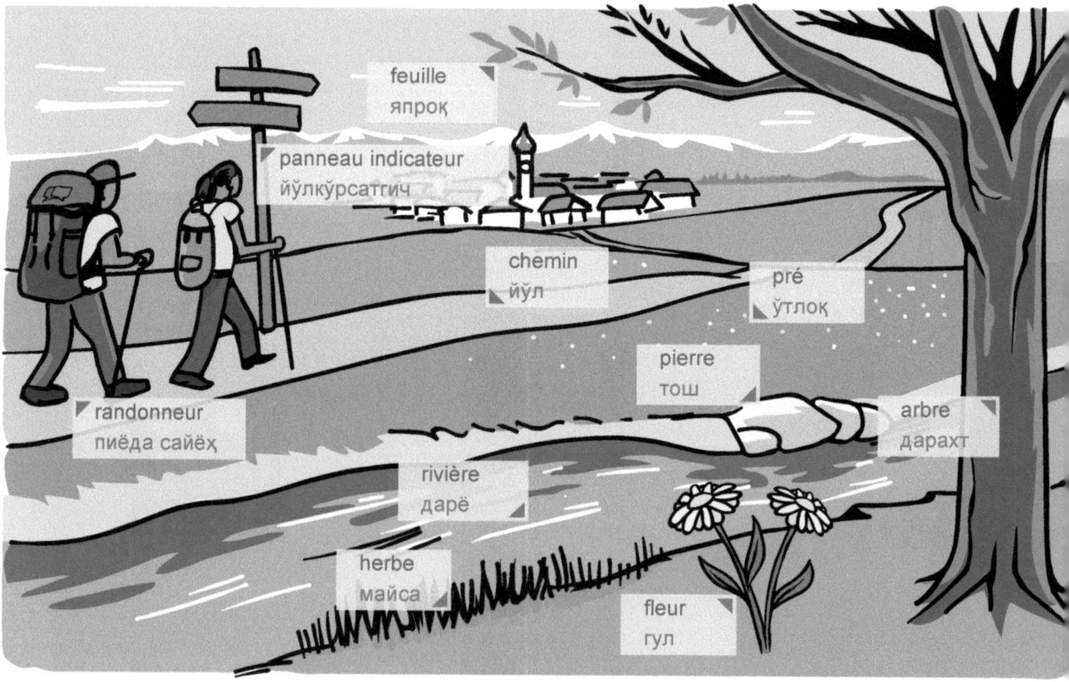

vallée

водий

montagne

қир

lac

кўл

forêt

ўрмон

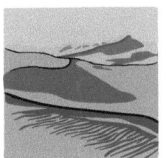

désert

чўл

volcan

вулкан

château

қалъа

arc-en-ciel

камалак

champignon

қўзиқорин

palmier

пальма дарахти

moustique

пашша

mouche

чивин

fourmis

чумоли

abeille

асалари

araignée

ўргимчак

coléoptère

қўнғиз

grenouille

қурбақа

écureuil

олмахон

hérisson

типратикон

lièvre

қуён

chouette

укки

oiseau

қуш

cygne

оққуш

sanglier

эркак чўчқа

cerf

буғу

élan

бутоқ шоҳли кийик

barrage

тўғон

éolienne

шамол генератори

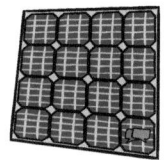

panneau solaire

қуёш батареяси

climat

иқлим

restaurant

ресторан

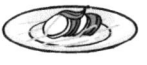

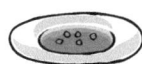

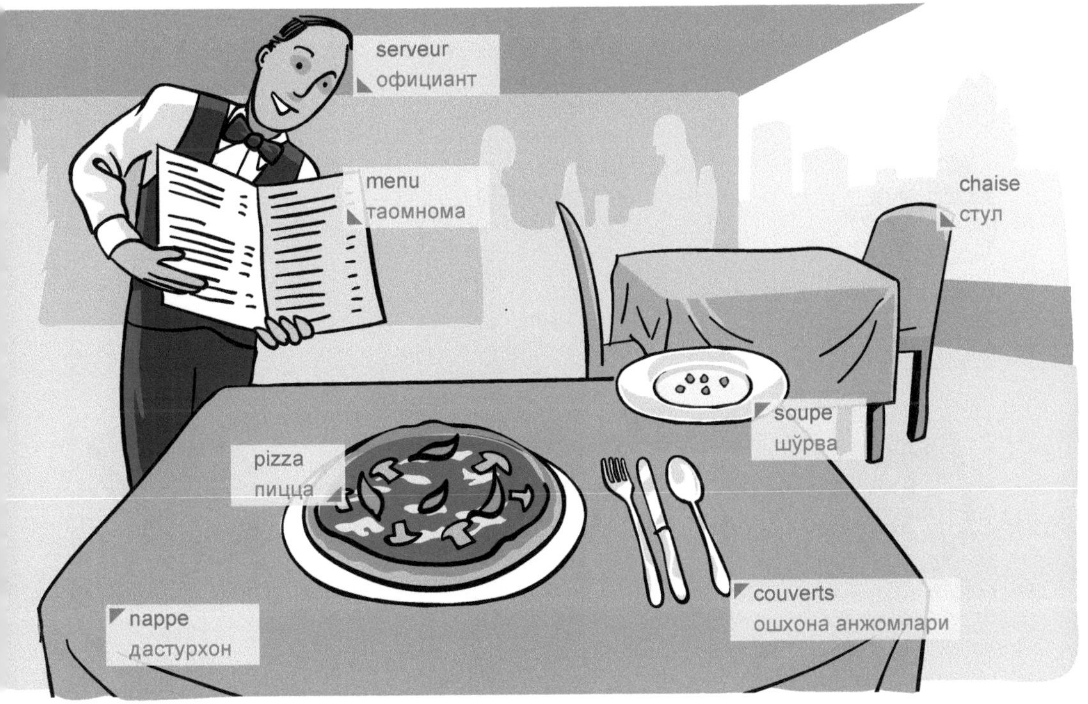
serveur
официант
menu
таомнома
chaise
стул
soupe
шўрва
pizza
пицца
couverts
ошхона анжомлари
nappe
дастурхон

hors d'œuvre

газак

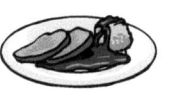

plat principal

асосий таом

dessert

десерт

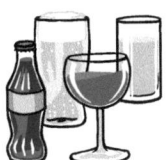

boissons

ичимликлар

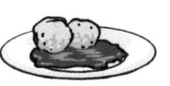

alimentation

таом

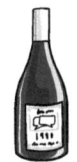

bouteille

бутилка

fast-food

тез пишар таом

plats à emporter

кўча таоми

théière

чойнак

sucrier

шакардон

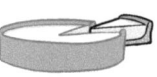

portion

порция

machine à expresso

эспрессо кофе машинаси

chaise haute

болалар курсичаси

facture

ҳисоб

plateau

лаган

couteau

пичоқ

fourchette

санчқи

cuillère

қошиқ

cuillère à thé

чой қошиқ

serviette

кўл сочиқ

verre

стакан

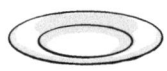

assiette
ликоп

assiette à soupe
шўрва коса

soucoupe
тақсимча

sauce
қайла

salière
туздон

moulin à poivre
қалампир янчгич

vinaigre
сирка

huile
ёғ

épices
зираворлар

ketchup
кетчуп

moutarde
хантал

mayonnaise
майонез

supermarché

супермаркет

offre promotionnelle
чегирма
FOR
client
мижоз
produits laitiers
сут маҳсулотлари
fruits
мева
chariot
харид араваси

BUTCHERS

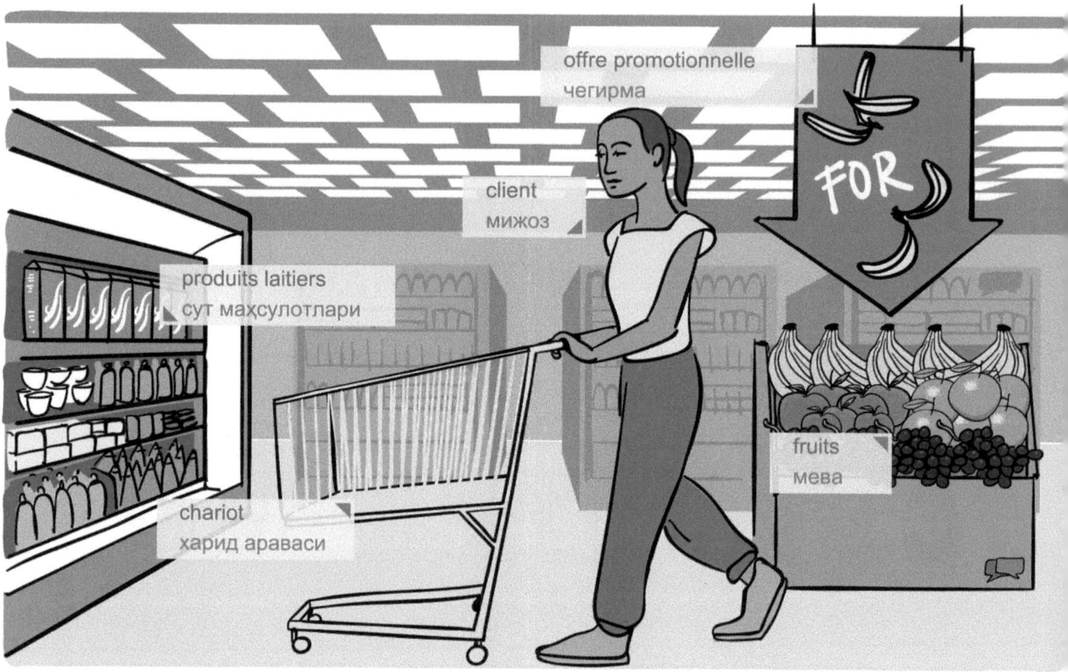

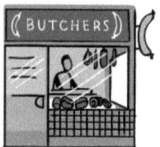

boucherie

қассобхона

BAKERY

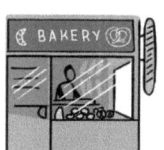

boulangerie

нонвойхона

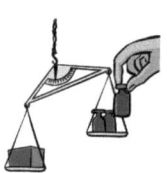

peser

тарозида ўлчамоқ

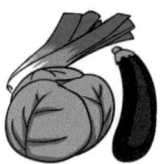

légumes

сабзавот

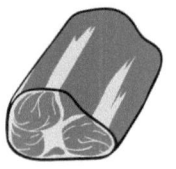

viande

гўшт

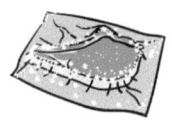

aliments surgelés

музлатилган таомлар

charcuterie

яхна гӯшт

conserves

консерва

poudre à lessive

кир ювиш воситаси

bonbons

ширинликлар

articles ménagers

кундалик истеъмол моллар

détergents

ювиш воситалари

vendeuse

сотувчи

caisse

касса аппарати

caissier

ғазначи

liste d'achats

харид рӯйхати

heures d'ouverture

иш вақти

portefeuille

ҳамён

carte de crédit

омонат карта

sac

халта

sac en plastique

целлофан халта

eau

сув

jus de fruit

шарбат

lait

сут

coca

кока-кола

vin

вино

bière

пиво

alcool

спиртли ичимлик

chocolat chaud

какао

thé

чой

café

кофе

expresso

эспрессо

cappuccino

капучино

banane

банан

pomme

олмахон

orange

апельсин

melon

қовун

citron

лимон

carotte

сабзи

ail

саримсоқ

bambou

бамбук

oignon

пиёз

champignon

қўзиқорин

noisettes

ёнғоқ

pâtes

лағмон

spaghetti

спагетти

riz

гуруч

salade

салат

pommes frites

картошка-фри

pommes de terre rôties

ковурилган картошка

pizza

пицца

hamburger

гамбургер

sandwich

сэндвич

escalope

тўқмоқланган тўш қиймаси

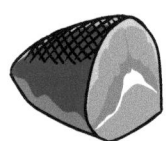

jambon

дудланган чўчқа гўшти

salami

салями колбасаси

saucisse

сосиска

poulet

товуқ гўшти

rôti

ковурилган

poisson

балиқ

flocons d'avoine

сули бўтқаси

muesli

мюсли

cornflakes

маккажўхори ёрмаси

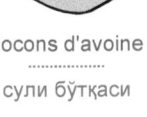

farine

ун

croissant

француз булочкаси

petits-pains

булочка

pain

нон

pain grillé

қизартирилган нон бўлаги

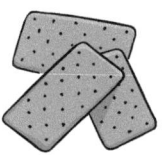

biscuits

пишириқ

beurre

сариёғ

le fromage blanc

творог

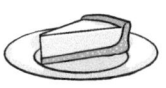

gâteau

пирог

œuf

тухум

œuf au plat

қовурилган тухум

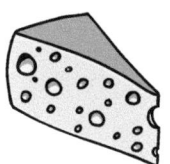

fromage

пишлоқ

glace

музқаймоқ

sucre

шакар

miel

асал

confiture

мураббо

crème nougat

шоколад пастаси

curry

зарчава

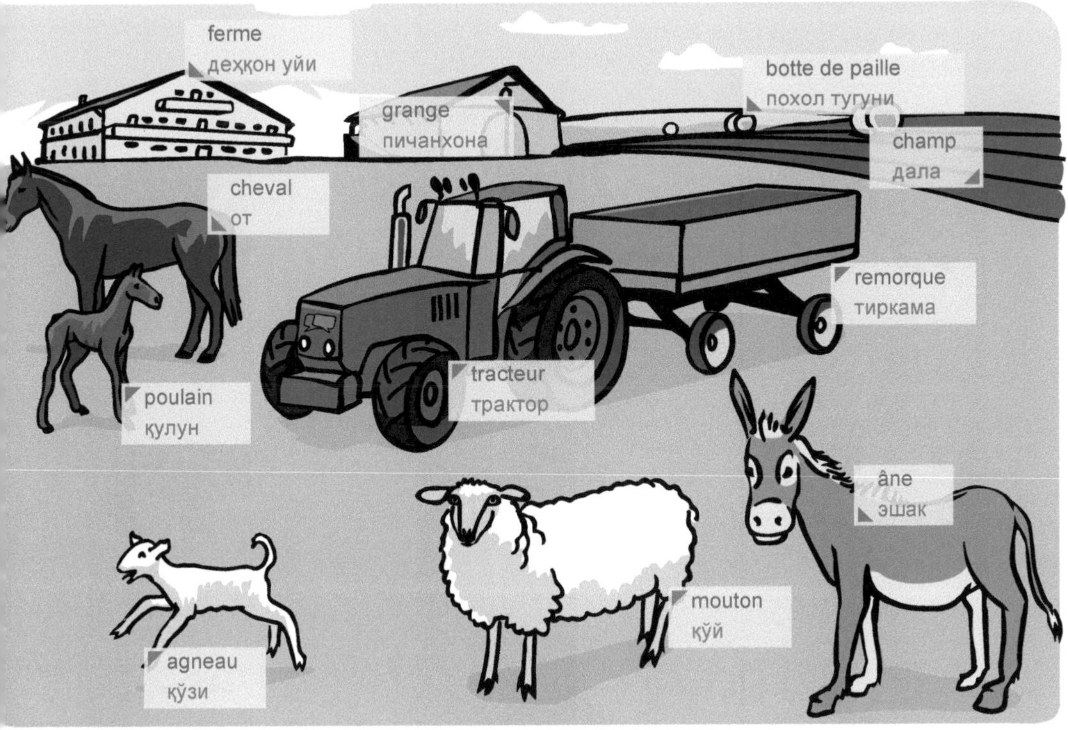

ferme
деҳқон уйи

botte de paille
похол тугуни

grange
пичанхона

champ
дала

cheval
от

remorque
тиркама

tracteur
трактор

poulain
қулун

âne
эшак

mouton
қўй

agneau
қўзи

chèvre

эчки

vache

сигир

veau

бузоқ

porc

чўчқа

porcelet

чўчқа боласи

taureau

буқа

oie

ғоз

canard

ўрдак

poussin

жўжа

poule

товуқ

coq

хўроз

rat

каламуш

chat

мушук

souris

сичқон

bœuf

хўкиз

chien

ит

chenil

каталак

tuyau de jardin

ҳовли боғ шланги

arrosoir

гулчелак

faucheuse

белўроқ

charrue

темир омоч

ferme - чорвачилик хўжалиги

faucille

қўлўроқ

pioche

чопқи

fourche

паншаха

hache

болта

brouette

ғалтакарава

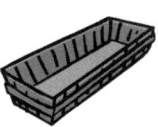

cuve

охур

pot à lait

сут бидони

sac

тўрва

clôture

панжара

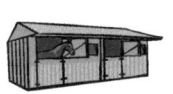

étable

оғилхона

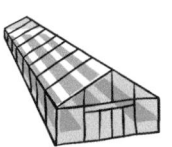

serre

иссиқхона

sol

тупроқ

semences

уруғ

engrais

ўғит

moissonneuse-batteuse

комбайн

récolter

ҳосил олмоқ

récolte

йиғим-терим

igname

ямс

blé

буғдой

soja

соя

pomme de terre

картошка

maïs

маккажўхори

colza

рапс уруғи

arbre fruitier

мевали дарахт

manioc

маниок

céréales

ёрма

maison

уй

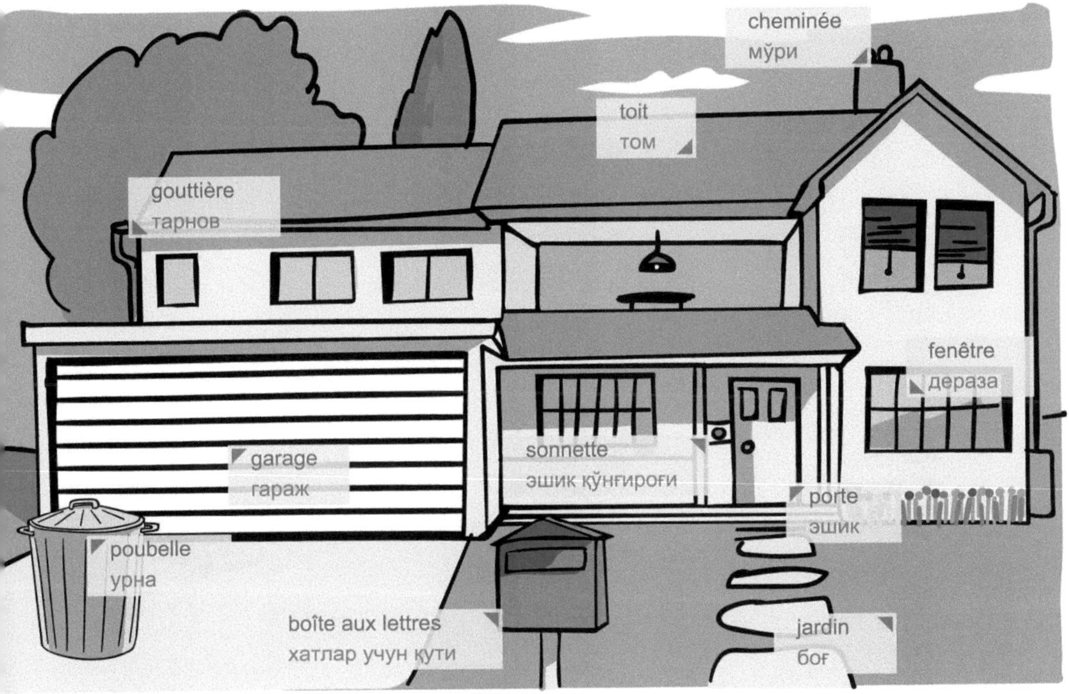

cheminée
мўри
toit
том
gouttière
тарнов
fenêtre
дераза
garage
гараж
sonnette
эшик қўнғироғи
porte
эшик
poubelle
урна
boîte aux lettres
хатлар учун қути
jardin
боғ

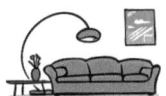

salon

мехмонхона

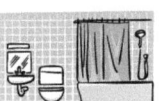

salle de bain

ваннахона

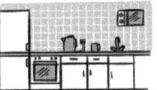

cuisine

ошхона

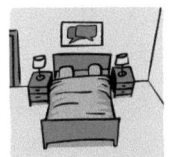

chambre à coucher

ётоқхона

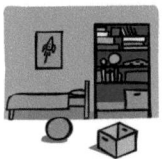

chambre d'enfant

болалар хонаси

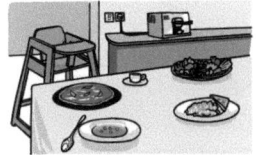

salle à manger

ошхона

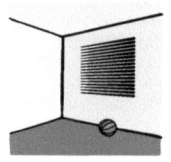

sol

пол

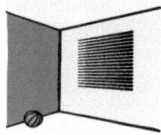

mur

девор

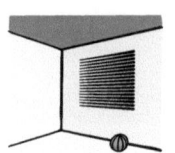

plafond

шип

cave

подвал

sauna

сауна

balcon

болохона айвони

terrasse

айвон

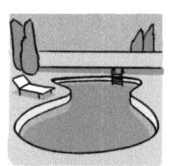

piscine

бассейн

tondeuse à gazon

ўт ўргич машина

housse

кўрпажилд

couette

чойшаб

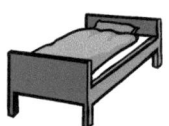

lit

кроват

balai

супурги

sceau

пақир

interrupteur

мурват

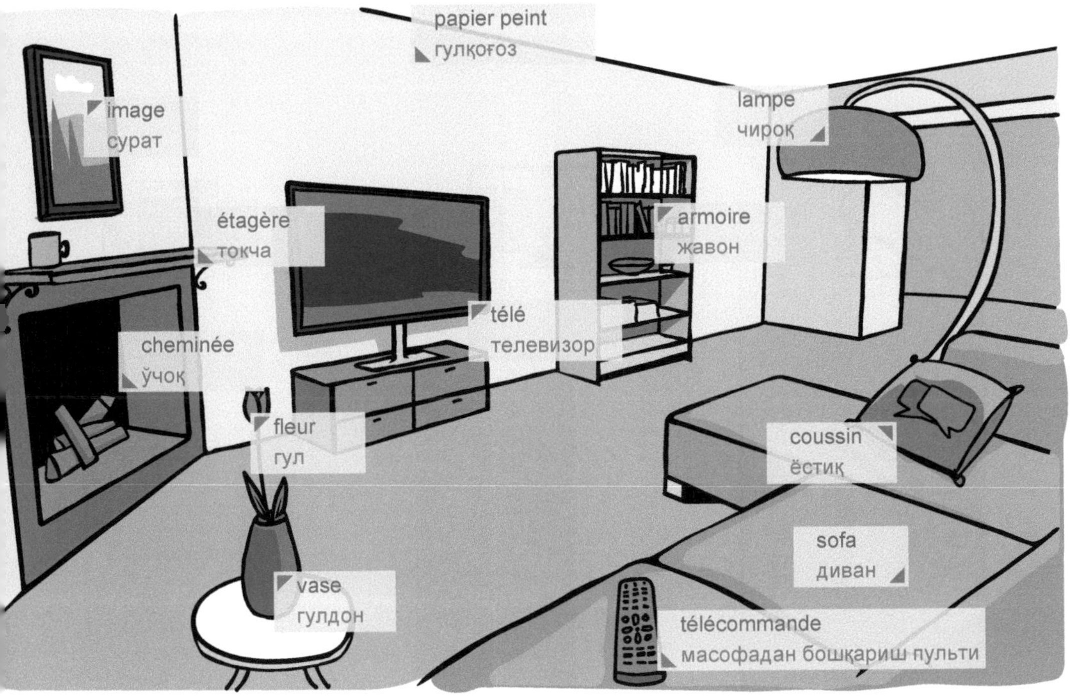

papier peint
гулқоғоз

image
сурат

lampe
чироқ

étagère
токча

armoire
жавон

télé
телевизор

cheminée
ўчоқ

fleur
гул

coussin
ёстиқ

sofa
диван

vase
гулдон

télécommande
масофадан бошқариш пульти

tapis
....
гилам

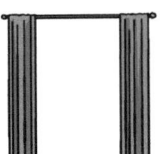

rideau
....
парда

table
....
стол

chaise
....
стул

chaise à bascule
....
тебранма курси

fauteuil
....
кресло

livre

китоб

couverture

кўрпа

décoration

ҳашам

bois de chauffage

ўтин

film

кино

chaîne hi-fi

стерео қурилма

clé

калит

journal

рўзнома

peinture

расм

poster

плакат

radio

радио

bloc-notes

ён дафтар

aspirateur

чанг ютгич

cactus

кактус

bougie

шам

cuisine

ошхона

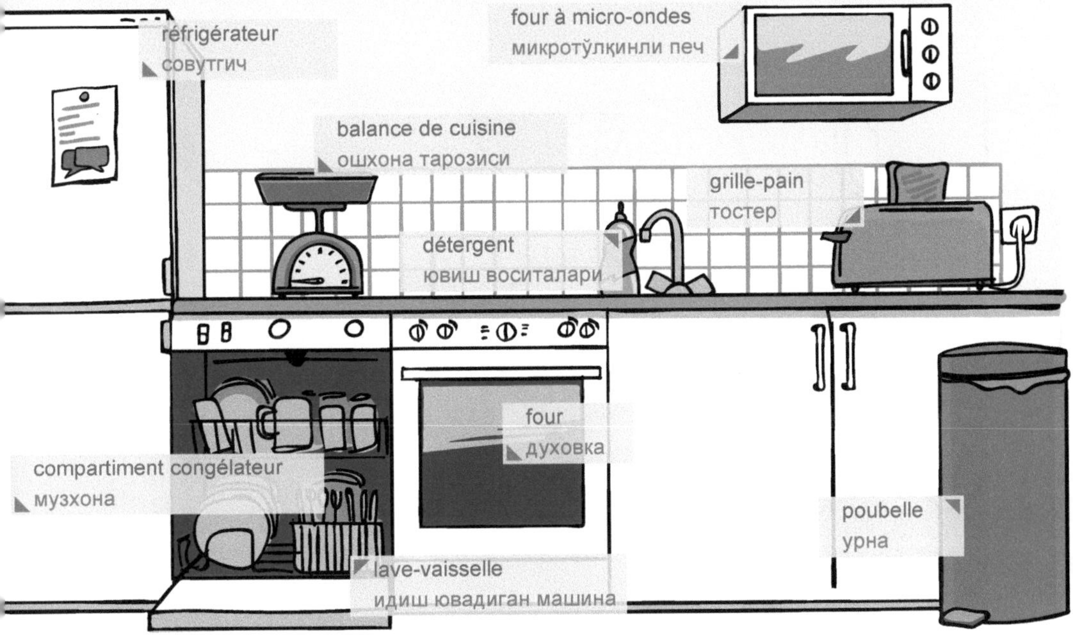

réfrigérateur
совутгич
four à micro-ondes
микротўлқинли печ
balance de cuisine
ошхона тарозиси
grille-pain
тостер
détergent
ювиш воситалари
four
духовка
compartiment congélateur
музхона
poubelle
урна
lave-vaisselle
идиш ювадиган машина

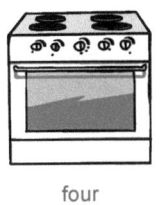

four
....
плита

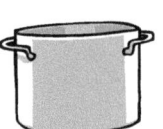

casserole
....
кастрюль

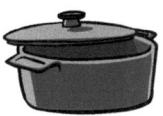

marmite
....
чўян қозон

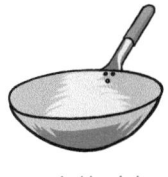

wok / kadai
....
бўртма тубли това

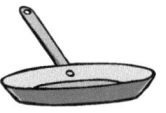

poêle
....
това

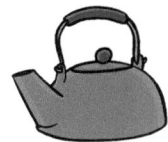

bouilloire electrique
....
човгун

cuiseur vapeur

мантиқасқон

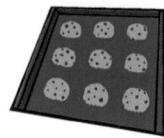

plaque de cuisson

тунука това

vaisselle

идиш

gobelet

кружка

coupe

коса

baguettes

таом ейиш таёқчалари

louche

чӯмич

spatule

куракча

fouet

кӯпиртиргич

passoire

элак

tamis

элак

râpe

қирғич

mortier

ҳовонча

barbecue

гриль

cheminée

олов

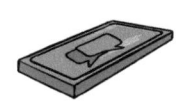

planche à découper

оштахта

rouleau à pâtisserie

жува

tire-bouchon

пармасимон тиқин очгич

boîte

консерва

ouvre-boîte

консерва очгич

maniques

тутгич

lavabo

унитаз

brosse

идиш чўтка

éponge

қозонсочиқ

mixeur

қориштиргич

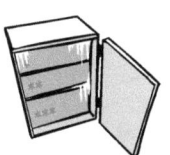

congélateur

музлатгич

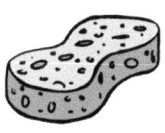

biberon

сўрғичли чақалоқ
бутилкаси

robinet

кран

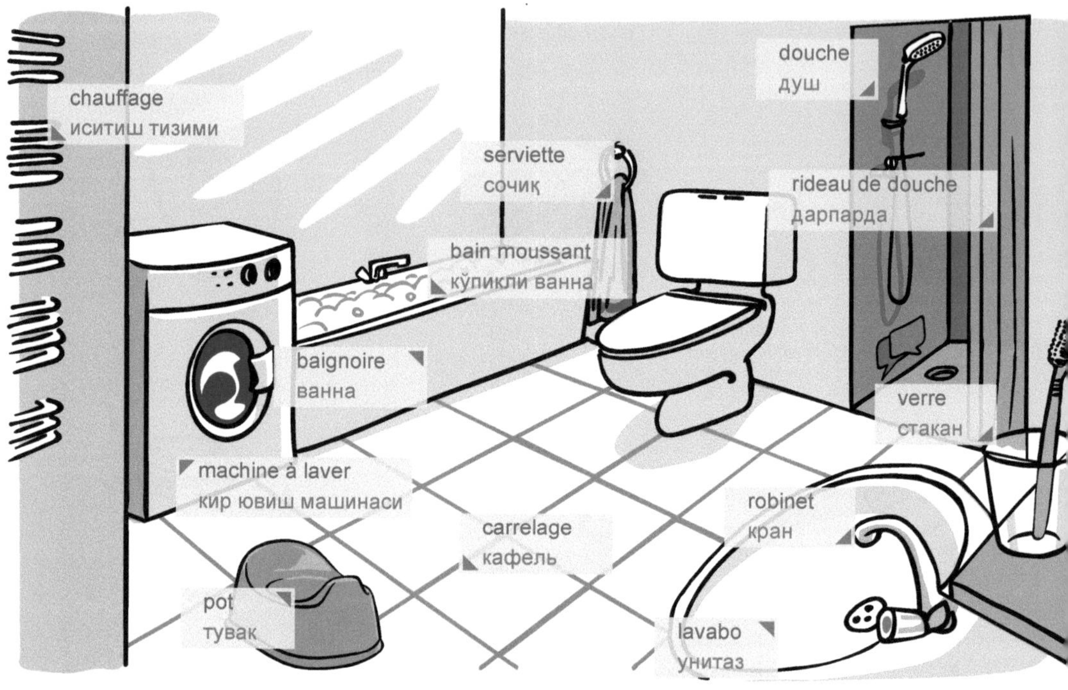

chauffage
иситиш тизими

douche
душ

serviette
сочиқ

rideau de douche
дарпарда

bain moussant
кўпикли ванна

baignoire
ванна

verre
стакан

machine à laver
кир ювиш машинаси

robinet
кран

carrelage
кафель

pot
тувак

lavabo
унитаз

toilettes
хожатхона

toilette à la turque
полга ўрнатиладиган
унитаз

bidet
таҳоратдон

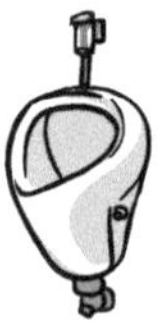

urinoir
сийдик унитази

papier toilette
хожатхона қоғози

brosse à toilette
хожатхона чўткаси

brosse à dents

тиш чўтка

dentifrice

тиш пастаси

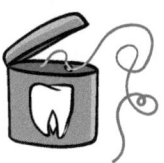

fil dentaire

тиш тозалагич ип

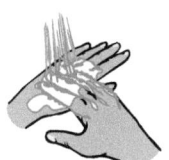

laver

ювмоқ

douche manuelle

дастакли душ

douche intime

таҳорат учун душ

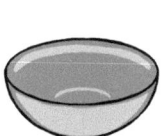

vasque

тоғора

brosse dorsale

елка қашлайдиган чўтка

savon

совун

gel douche

душ учун гель

shampooing

шампунь

gant de toilette

мочалка

écoulement

қувур

crème

крем

déodorant

дезодарант

miroir

кӯзгу

miroir cosmétique

қӯл кӯзгуси

rasoir

устара

mousse à raser

устара учун кӯпик

après-rasage

салқинлантирувчи
бальзам

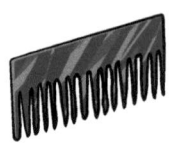

peigne

тароқ

brosse

чӯтка

sèche-cheveux

фен

laque pour cheveux

соч учун лак

fond de teint

пардоз-андоз

rouge à lèvres

лаб учун помада

vernis à ongles

тирноқ лаки

ouate

пахта

coupe-ongles

тирноқ қайчиси

parfum

духи

trousse de toilette

пардоз-андоз халтаси

tabouret

курси

pèse-personne

тарози

peignoir

чўмилиш халати

gants de nettoyage

резина қўлқоп

tampon

тампон

serviettes hygiéniques

гигиеник таглик

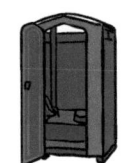

toilette chimique

биохожатхона

chambre d'enfant

болалар хонаси

réveil
бонг соат
doudou
юмшоқ ўйинчоқ
voiture jouet
ўйинчоқ машина
hochet
шақилдоқ
maison de poupée
қўғирчоқ уй
cadeau
совға

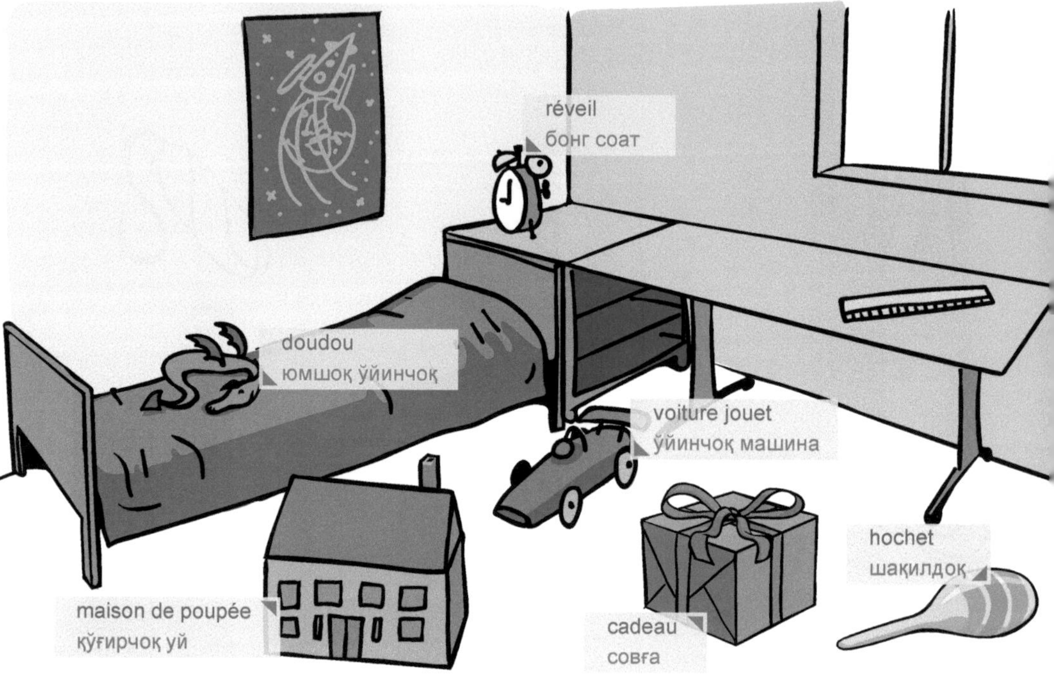

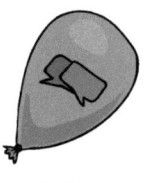

ballon
шар

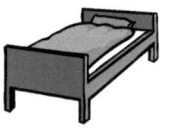

lit
кроват

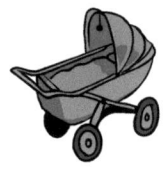

poussette
болалар аравачаси

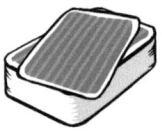

jeu de cartes
карта тўплами

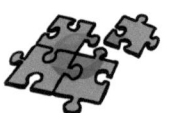

puzzle
терма тасвир

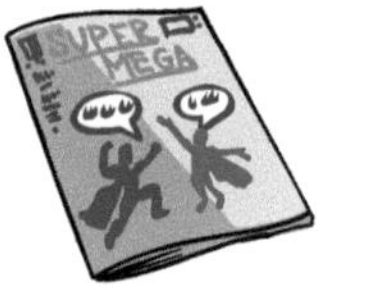

bande dessinée
кулгили саҳна асари

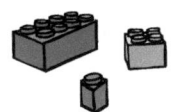

pièces lego

лего ғиштлари

blocs de construction

ўйинчоқ кубиклар

figurine

ўйинчоқ қаҳрамон

grenouillère

ползунка

frisbee

учар ликопча

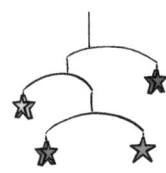

mobile

осма шақилдоқ

jeu de société

стол ўйини

dé

ошиқ

train miniature

поезд макети

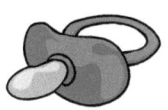

sucette

сўрғич

fête

ўтириш

livre d'images

расмли китоб

balle

копток

poupée

қўғирчоқ

jouer

ўйнамоқ

bac à sable

кумдон

balançoire

арғимчоқ

jouets

ўйинчоқлар

console de jeu

ўйин приставкаси

tricycle

уч ғилдиракли велосипед

ours en peluche

бахмал айиқ

armoire

кийим шкафи

vêtements

кийим

chaussettes

пайпоқ

bas

чулки

collant

колготка

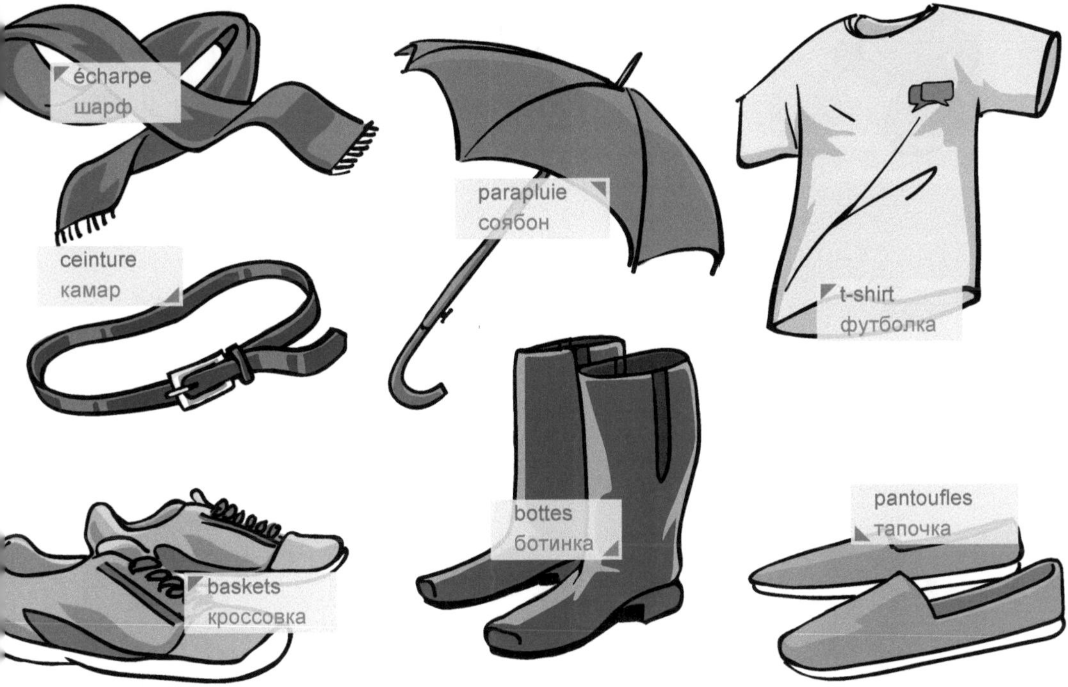

écharpe
шарф

ceinture
камар

parapluie
соябон

t-shirt
футболка

baskets
кроссовка

bottes
ботинка

pantoufles
тапочка

sandales
······
шиппак

chaussures
······
туфли

bottes de caoutchouc
······
резина этик

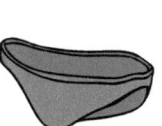

sous-vêtements
······
тор турсик

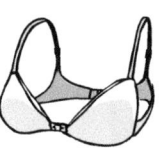

soutien-gorge
······
кӳкракпеч

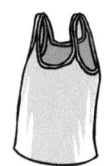

maillot de corps
······
майка

body
боди

pantalon
иштон

jean
жинси

jupe
юбка

chemisier
кофта

chemise
кўйлак

pull
жемпер

sweat à capuche
узун чакмон

veste
спорт бичимидаги пиджак

veste
куртка

manteau
пальто

imperméable
плаш

costume
либос

robe
кўйлак

robe de mariée
келин кўйлак

costume

костюм шим

chemise de nuit

тунги кўйлак

pyjama

пижама

sari

сари

foulard

шолрўмол

turban

салла

burqa

паранжи

caftan

чакмон

abaya

абая

maillot de bain

чўмилиш костюми

maillot de bain

турсик

short

шортик

tenue d'entraînement

спорт костюми

tablier

фартук

gants

қўлқоп

bouton

тугма

lunettes

кўзойнак

bracelet

билагузук

collier

мунчоқ

bague

узук

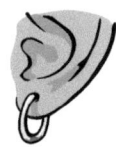

boucle d'oreille

сирға

bonnet

кепка

cintre

пальто илгак

chapeau

шляпа

cravate

бўйинбоғ

fermeture éclair

замок

casque

дубулға

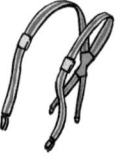

bretelles

шим тортгич

uniforme scolaire

мактаб формаси

uniforme

форма

bavoir

ошхӯрак

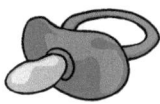

sucette

сӯрғич

lange

таглик

bureau
идора

serveur
сервер

armoire d'archivage
қоғоз-хужжатлар шкафи

imprimante
принтер

papier
қоғоз

écran
экран

souris
сичқонча

bureau
иш столи

classeur
папка

clavier
клавиатура

chaise
стул

corbeille à papier
урна

ordinateur
компьютер

tasse de café

кофе кружкаси

calculatrice

калькулятор

internet

интернет

ordinateur portable

ноутбук

lettre

хат

message

мактуб

portable

уяли телефон

réseau

тармоқ

photocopieuse

нусха кўчиргич

logiciel

дастур

téléphone

телефон

prise

розетка

fax

факс

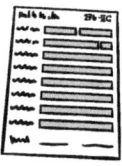

formulaire

шакллар

document

ҳужжат

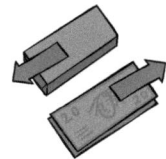

acheter

харид қилмоқ

payer

тўламоқ

faire du commerce

савдолашмоқ

monnaie

пул

 **USD**

dollar

доллар

 **EUR**

euro

евро

 **JPY**

yen

йен

 **RUB**

rouble

рубль

 **CHF**

franc suisse

швейцар франки

 **CNY**

renminbi yuan

Жэньминьби хитой юани

 **INR**

roupie

рупи

distributeur automatique

банкомат

bureau de change

пул айирбошлаш
шаҳобчаси

or

олтин

argent

кумуш

pétrole

нефт

énergie

энергия

prix

нарх

contrat

шартнома

taxe

солиқ

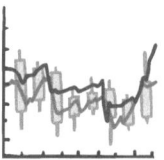

action

акция

travailler

ишламоқ

employé

ишчи

employeur

иш берувчи

usine

завод

magasin

дўкон

économie - иқтисод

agent de police
полициячи

pompier
ўт ўчирувчи

cuisinier
ошпаз

médecin
шифокор

pilote
учувчи

jardinier

боғбон

menuisier

дурадгор

couturière

тикувчи

juge

ҳакам

chimiste

кимёгар

acteur

актёр

conducteur de bus

автобус ҳайдовчиси

chauffeur de taxi

такси ҳайдовчи

pêcheur

балиқчи

femme de ménage

фаррош

couvreur

том устаси

serveur

официант

chasseur

овчи

peintre

бўёкчи

boulanger

нонвой

électricien

электр устаси

ouvrier

қурувчи

ingénieur

муҳандис

boucher

қассоб

plombier

сувчи чилангар

facteur

почтачи

soldat

аскар

architecte

меъмор

caissier

ғазначи

fleuriste

гулчи

coiffeur

сартарош

contrôleur

чиптачи

mécanicien

механик

capitaine

капитан

dentiste

тиш шифокори

scientifique

олим

rabbin

яхудийлар руҳонийси

imam

имом

moine

роҳиб

prêtre

руҳоний

outils
асбоблар

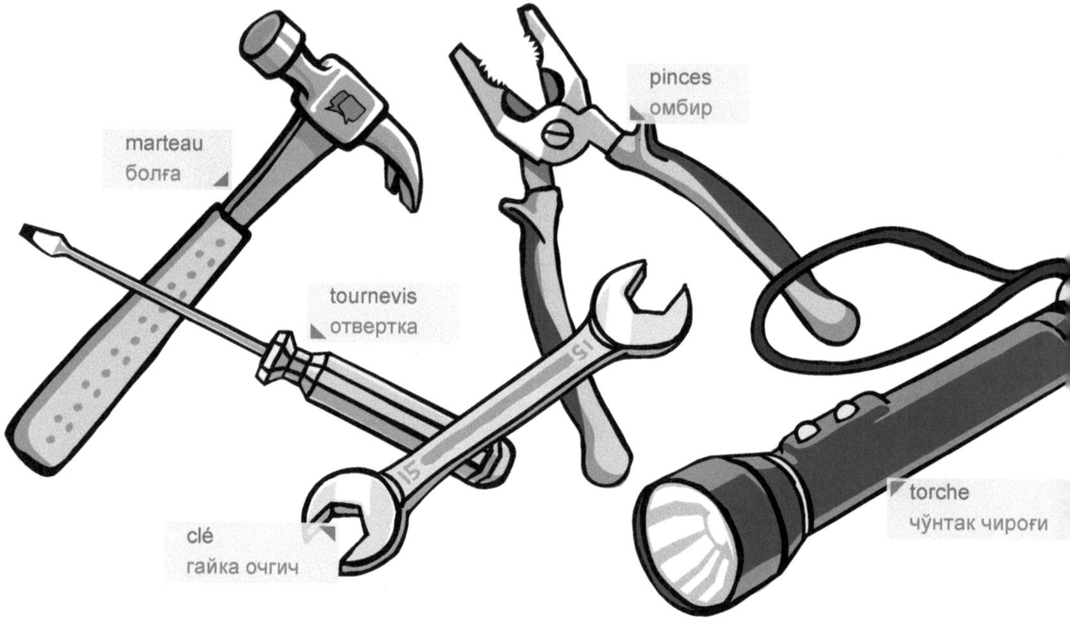
marteau
болға
pinces
омбир
tournevis
отвертка
clé
гайка очгич
torche
чўнтак чироғи

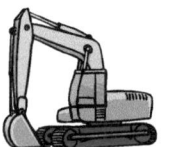

pelleteuse

экскаватор

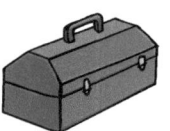

boîte à outils

асбоблар қутиси

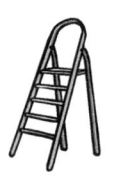

échelle

нарвон

scie

қўларра

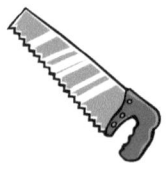

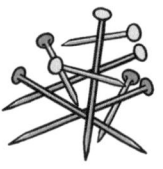

clous

мих

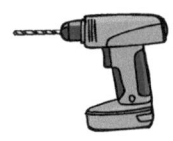

perceuse

пармадаста

réparer
....
тузатмоқ

pelle
....
белкурак

Mince !
....
Жин урсин!

pelle
....
хокандоз

pot de peinture
....
бўёқ идиш

vis
....
бурама мих

instruments de musique
мусиқа асбоблари

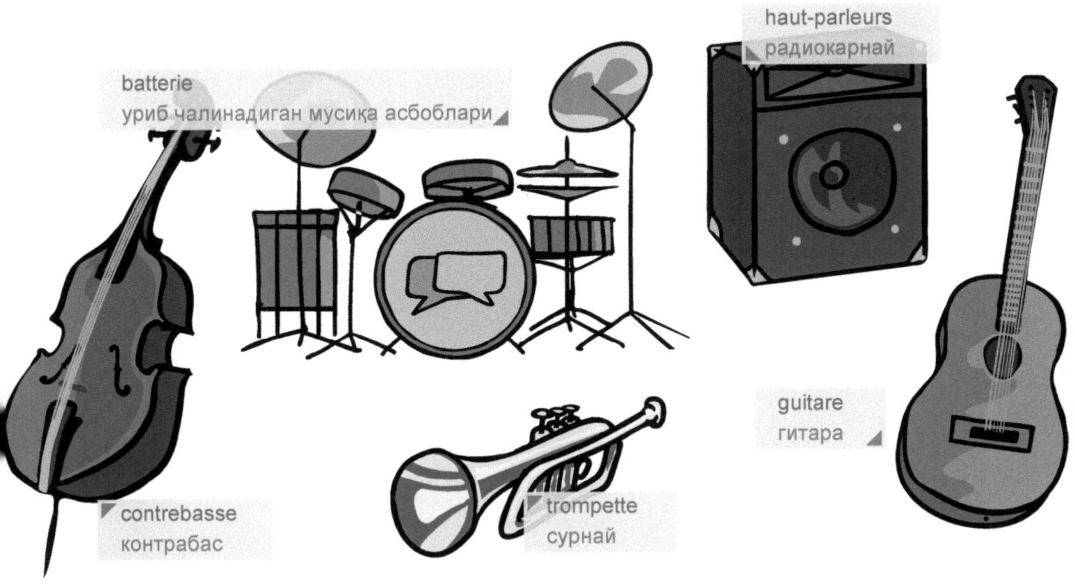

haut-parleurs
радиокарнай

batterie
уриб чалинадиган мусиқа асбоблари

guitare
гитара

contrebasse
контрабас

trompette
сурнай

piano

пианино

violon

ғижжак

basse

бас-гитара

timbales

қўшноғора

tambour

дўмбира

piano électrique

клавиатура

saxophone

саксофон

flûte

най

microphone

микрофон

ZOO

ҳайвонот боғи

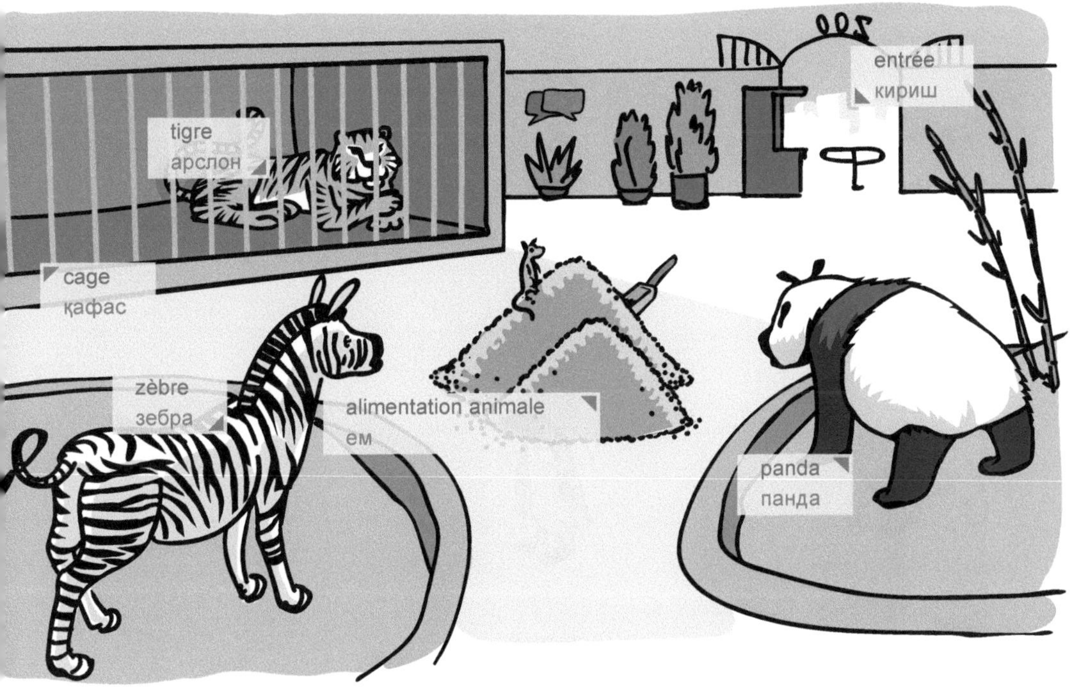

tigre
арслон
entrée
кириш
cage
қафас
zèbre
зебра
alimentation animale
ем
panda
панда

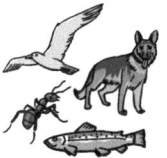

animaux

ҳайвонлар

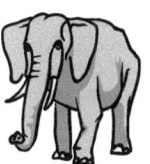

éléphant

фил

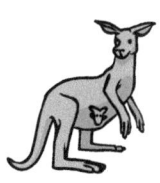

kangourou

кенгуру

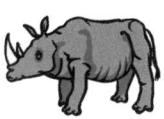

rhinocéros

каркидон

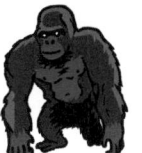

gorille

горилла

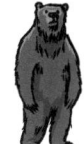

ours

айиқ

chameau

туя

autruche

туякуш

lion

шер

singe

маймун

flamand rose

фламинго

perroquet

тўти

ours polaire

оқ айиқ

pingouin

пингвин

requin

акула

paon

товус

serpent

илон

crocodile

тимсоҳ

gardien de zoo

ҳайвонот боғи қоровули

phoque

тюлень

jaguar

ягуар

poney

тўпичоқ от

léopard

қоплон

hippopotame

бегемот

girafe

жирафа

aigle

бургут

sanglier

эркак чўчқа

poisson

балиқ

tortue

тошбақа

morse

морж

renard

тулки

gazelle

оху

american Football
америка футболи

cyclisme
велосипед ҳайдаш

tennis
теннис

basket-ball
баскетбол

natation
сузиш

boxe
бокс

hockey sur glace
муз хоккейи

football
футбол

badminton
бадминтон

athlétisme
енгил атлетика

handball
қўлтўпи

ski
чанғи учиш

polo
поло

rire
кулмоқ

sauter
сакрамоқ

embrasser
қучмоқ

marcher
юрмоқ

chanter
куйламоқ

rêver
ҳаёл қилмоқ

prier
ибодат қилмоқ

faire la bise
ўпмоқ

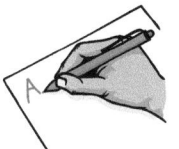

écrire

ёзмоқ

dessiner

чизмоқ

montrer

кўрсатмоқ

pousser

итармоқ

donner

бермоқ

prendre

олмоқ

avoir

эга бўлмоқ

faire

бажармоқ

être

бўлмоқ

être debout

турмоқ

courir

югурмоқ

trier

тортмоқ

jeter

улоқтирмоқ

tomber

йиқилмоқ

être couché

алдамоқ

attendre

кутмоқ

porter

ташимоқ

être assis

ўтирмоқ

s'habiller

кийинмоқ

dormir

ухламоқ

se réveiller

уйғонмоқ

regarder

қарамоқ

pleurer

йиғламоқ

caresser

зарба бермоқ

peigner

тарамоқ

parler

гаплашмоқ

comprendre

тушунмоқ

demander

сўрамоқ

écouter

тингламоқ

boire

ичмоқ

manger

емоқ

ranger

йиғиштирмоқ

aimer

севмоқ

cuire

пиширмоқ

conduire

ҳайдамоқ

voler

учмоқ

activités - машғулот

faire de la voile

кемада сузмоқ

calculer

ҳисобламоқ

lire

ўқимоқ

apprendre

ўрганмоқ

travailler

ишламоқ

se marier

турмуш қурмоқ

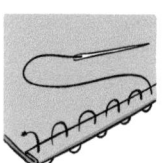

coudre

тикмоқ

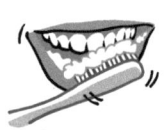

brosser les dents

тиш ювмоқ

tuer

ўлдирмоқ

fumer

чекмоқ

envoyer

йўлламоқ

grand-mère
буви

grand-père
бува

père
ота

mère
она

bébé
чақалоқ

fille
қиз

fils
ўғил

hôte

меҳмон

tante

амма

oncle

тоға

frère

ака

sœur

опа

corps

тана

front
пешона
œil
кўз
épaule
елка
doigt
бармоқ
visage
юз
menton
ияк
main
қўл панжалари
jambe
оёқ
poitrine
кўкрак
bras
қўл

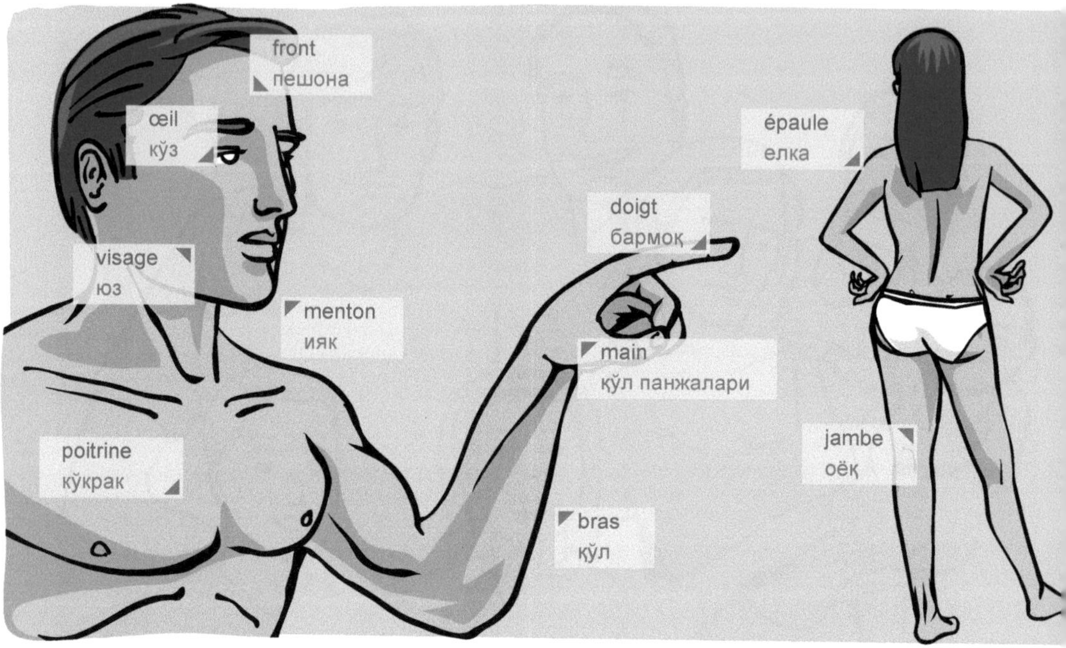

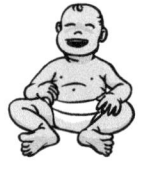

bébé

чақалоқ

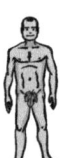

homme

одам

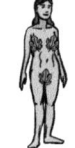

femme

аёл

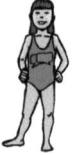

fille

қиз бола

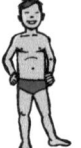

garçon

ўғил бола

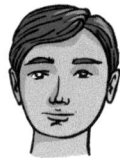

tête

бош

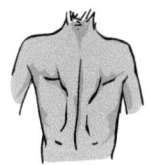

dos

орқа

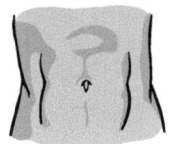

ventre

қорин

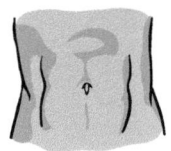

nombril

киндик

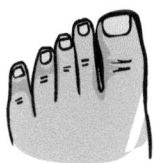

orteil

оёқ панжаси

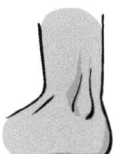

talon

товон

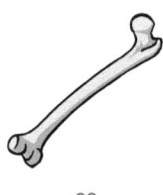

os

суяк

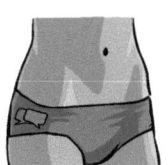

hanche

бел

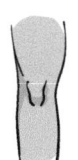

genou

тизза

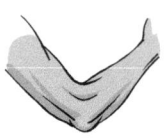

coude

тирсак

nez

бурун

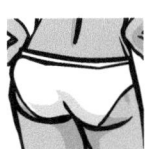

fesses

думба

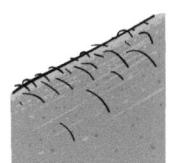

peau

тери

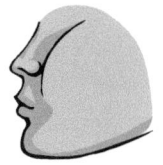

joue

яноқ

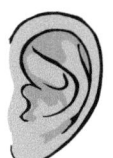

oreille

қулоқ

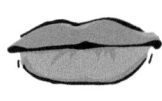

lèvre

лаб

corps - тана

bouche

оғиз

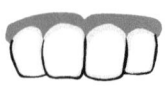

dent

тиш

langue

тил

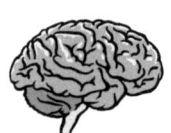

cerveau

мия

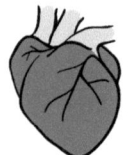

cœur

юрак

muscle

мушак

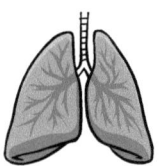

poumons

ўпка

foie

жигар

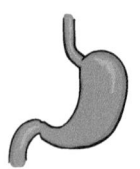

estomac

ошқозон

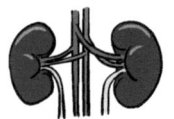

reins

буйрак

rapport sexuel

жинсий алоқа

préservatif

презерватив

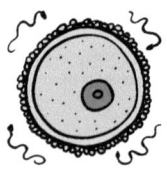

ovule

тухум ҳўжайра

sperme

уруғ

grossesse

ҳомиладорлик

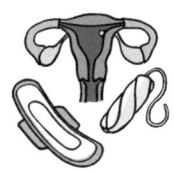

menstruation

ҳайз

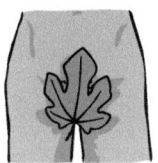

vagin

бачадон

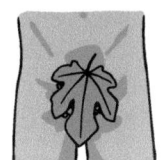

pénis

олат

sourcil

қош

cheveux

соч

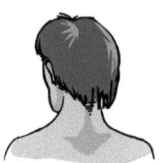

cou

бўйин

hôpital

шифохона

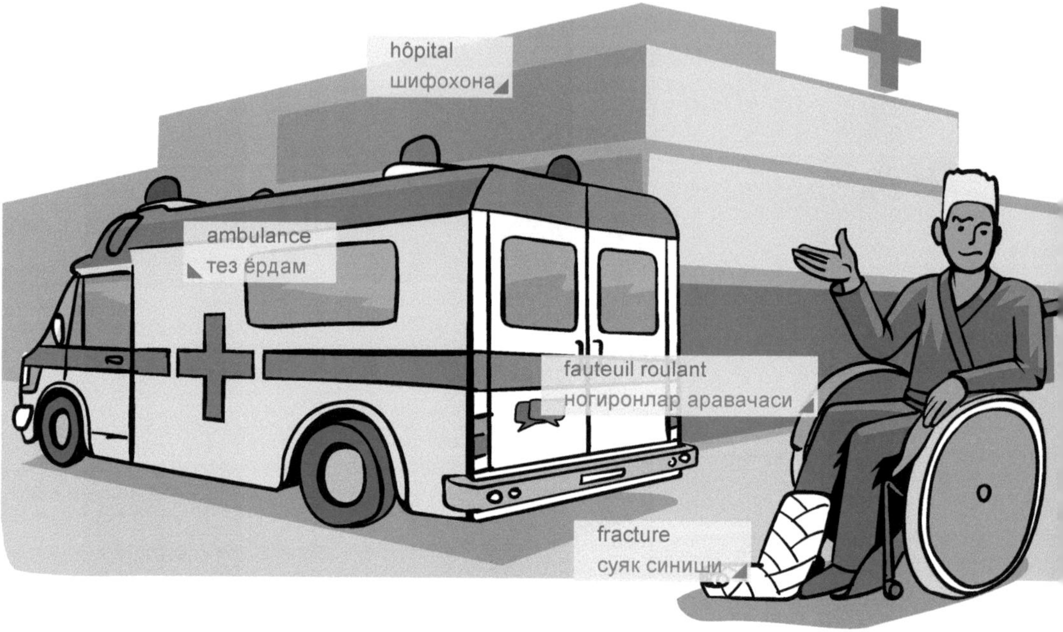

hôpital
шифохона
ambulance
тез ёрдам
fauteuil roulant
ногиронлар аравачаси
fracture
суяк синиши

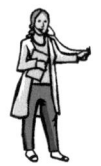

médecin

шифокор

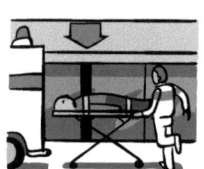

service des urgences

Шошилинч тиббий ёрдам кўрсатиш бўлими

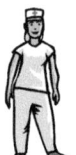

infirmière

ҳамшира

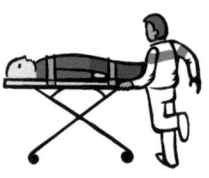

urgence

тез ёрдам

inconscient

ҳушсизлик

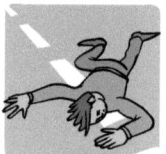

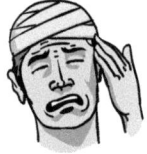

douleur

оғриқ

blessure

жароҳат

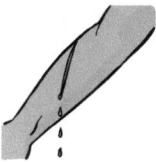

hémorragie

қонаш

crise cardiaque

юрак хуружи

attaque cérébrale

инсульт

allergie

аллергия

toux

йўтал

fièvre

иситма

grippe

тумов

diarrhée

ич кетиш

mal de tête

бош оғриғи

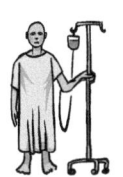

cancer

саратон касали

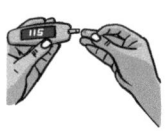

diabète

қандли диабет

chirurgien

жарроҳ

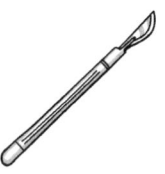

scalpel

жарроҳ пичоғи

opération

жарроҳлик амалиёти

CT

томография

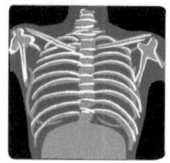

radiographie

рентген

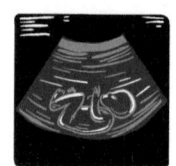

échographie

ултратовуш текшируви

masque

юз ниқоби

maladie

касаллик

salle d'attente

қабулхона

béquille

кўлтиқтаёқ

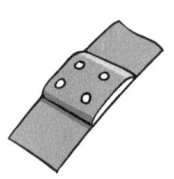

pansement

малҳамли пластир

pansement

бинт

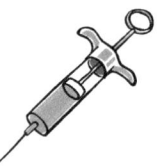

injection

укол

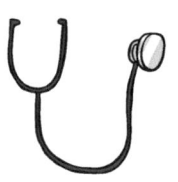

stéthoscope

юрак урушини ва ўпкани
эшитиб кўрадиган асбоб

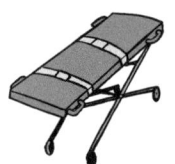

brancard

беморлар учун замбил

thermomètre

термометр

accouchement

туғруқ

surcharge pondérale

семизлик

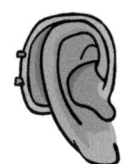

appareil auditif

эшитиш мосламаси

désinfectant

дезинфекцияловчи восита

infection

инфекция

virus

вирус

VIH / sida

ОИВ / ОИТС

médicament

дори

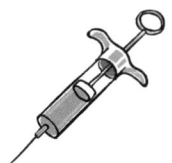

vaccination

эмлаш

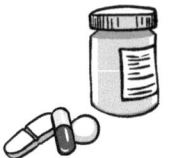

comprimés

таблетка

pilule

дори

appel d'urgence

тез ёрдам қўнғироғи

tensiomètre

қон босимини ўлчаш
асбоби

malade / sain

касал / соғлом

Au secours !

Ёрдам берннглар!

alarme

хавф-хатар ишораси

assaut

тажовуз

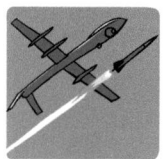

attaque

хужум

danger

хавф

sortie de secours

фавқулодда ҳолатларда
чиқиш эшиги

Au feu!

Ёнғин!

extincteur

ўт ўчиргич

accident

фалокат

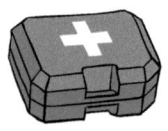

trousse de premier secours

биринчи тиббий ёрдам
тўплами

SOS

фалокат сигнали

police

полиция

Europe

Европа

Amérique du Nord

Шимолий Америка

Amérique du Sud

Жанубий Америка

Afrique

Африка

Asie

Осиё

Australie

Австралия

Océan atlantique

Атлантик океани

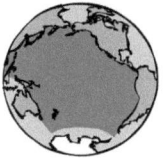

Océan pacifique

Тинч океани

Océan indien

Ҳинд океани

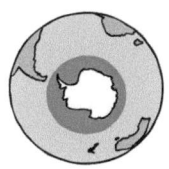

Océan antarctique

Антарктида океани

Océan arctique

Арктика океани

pôle nord

Шимолий қутб

pôle sud

Жанубий қутб

Antarctique

Антарктика

terre

Ер

pays

ўлка

mer

денгиз

île

орол

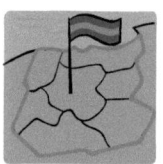

nation

миллат

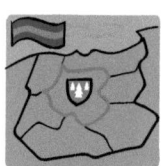

état

давлат

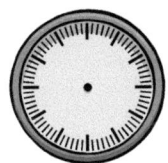

cadran

астрономик вақт
кўрсатгичи

aiguille des heures

соат мили

aiguille des minutes

дақиқа мили

aiguille des secondes

сония мили

Quelle heure est-il ?

Соат неча?

jour

кун

temps

вақт

maintenant

ҳозир

montre digitale

рақамли соат

minute

дақиқа

heure

соат

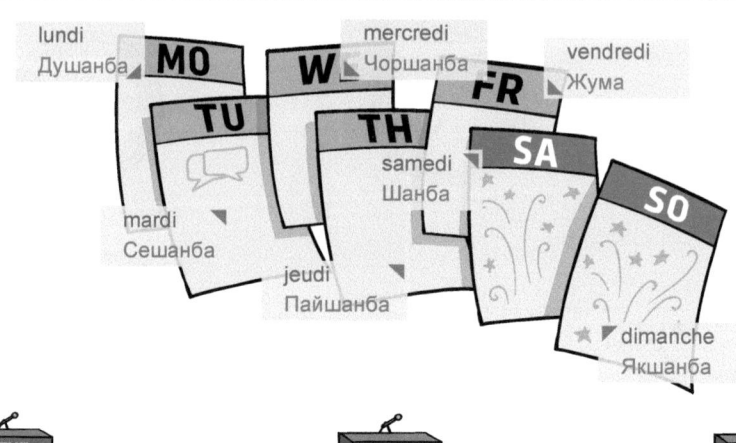

lundi
Душанба

mercredi
Чоршанба

vendredi
Жума

mardi
Сешанба

jeudi
Пайшанба

samedi
Шанба

dimanche
Якшанба

hier

кеча

aujourd'hui

бугун

demain

эртага

matin

эрталаб

midi

пешин

soir

кечкурун

jours ouvrables

иш кунлари

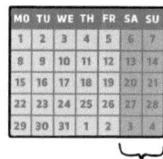

week-end

дам олиш кунлари

pluie
ёмғир

arc-en-ciel
камалак

vent
шамол генератори

neige
қор

printemps
баҳор

été
ёз

automne
куз

hiver
қиш

4.APRIL	11°	☀
5.APRIL	4°	⛅
6.APRIL	13°	☂
7.APRIL	8°	☀
8.APRIL	10°	☀

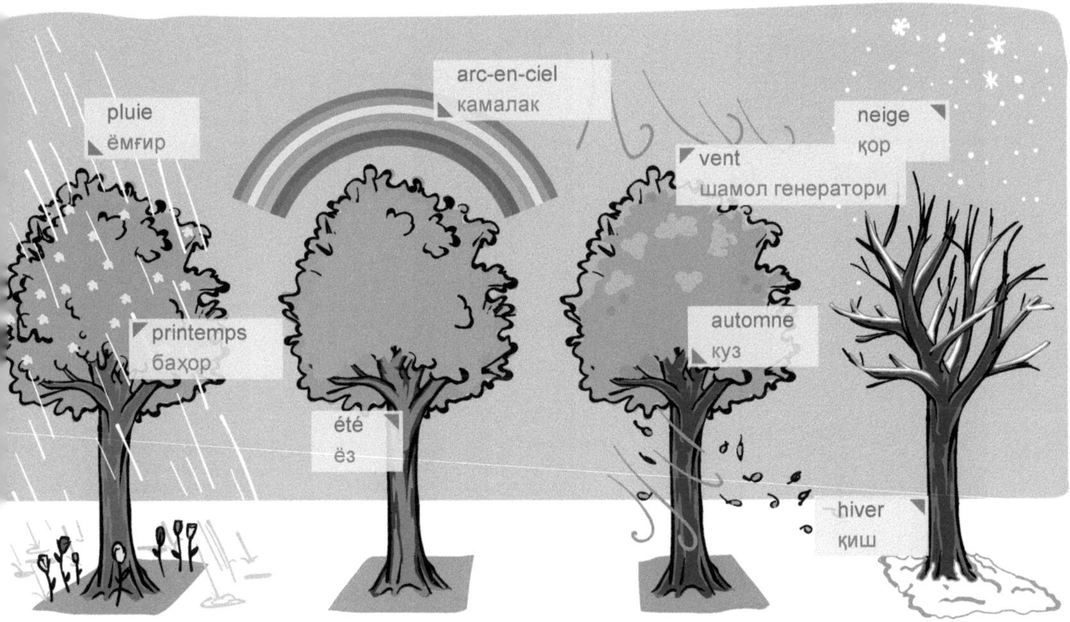

météo

об-ҳаво маълумоти

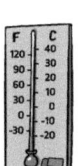

thermomètre

термометр

lumière du soleil

қуёшли

nuage

булут

brouillard

туман

humidité

намгарчилик

foudre

чақмоқ

tonnerre

момоқалдироқ

tempête

бўрон

grêle

дўл

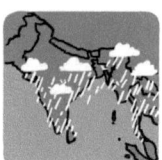

mousson

намгарчилик мавсуми

inondation

тошқин

glace

муз

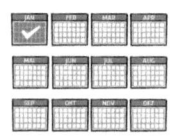

janvier

Январь

février

Февраль

mars

Март

avril

Апрель

mai

Май

juin

Июнь

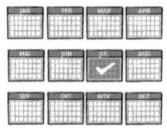

juillet

Июль

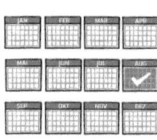

août

Август

année - йил

septembre
....
Сентябрь

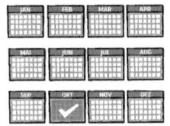

octobre
....
Октябрь

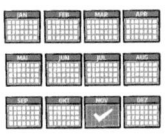

novembre
....
Ноябрь

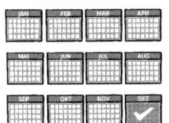

décembre
....
Декабрь

formes

шакллар

cercle
....
айлана

carré
....
квадрат

rectangle
....
тўртбурчак

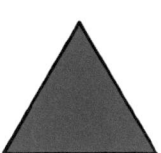

triangle
....
учбурчак

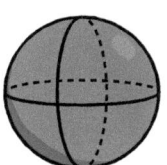

sphère
....
доира

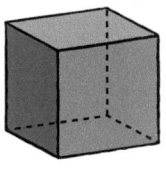

cube
....
куб

blanc

оқ

jaune

сариқ

orange

сабзи ранг

rose

пушти

rouge

қизил

violet

тўқ қизил

bleu

кўк

vert

яшил

marron

жигар ранг

gris

кул ранг

noir

қора

қарама-қарши маъноли сўзлар

beaucoup / peu

кўп / оз

fâché / calme

ғазабли / хотиржам

joli / laid

гўзал / хунук

début / fin

боши / охири

grand / petit

катта / кичик

clair / obscure

ёруғ / қоронғу

frère / soeur

ака / сингил

propre / sale

тоза / ифлос

complet / incomplet

тўлиқ / чала

jour / nuit

кун / тун

mort / vivant

ўлик / тирик

large / étroit

кенг / тор

comestible / incomestible

еса бўладиган / еса бўлмайдиган

méchant / gentil

ёвуз / хайрли

excité / ennuyé

ҳаяжонли / зерикарли

gros / mince

семиз / озғин

premier / dernier

биринчи / охирги

ami / ennemi

дўст / душман

plein / vide

тўла / бўш

dur / souple

қаттиқ / юмшоқ

lourd / léger

оғир / енгил

faim / soif

очлик / чанқов

malade / sain

касал / соғлом

illégal / légal

ноқонуний / қонуний

intelligent / stupide

зиёли / калтафаҳм

gauche / droite

чап / ўнг

proche / loin

яқин / узоқ

nouveau / usé

янги / ишлатилган

rien / quelque chose

ҳеч нарса / бир нарса

vieux / jeune

қари / ёш

marche / arrêt

ёниқ / ўчиқ

ouvert / fermé

очиқ / ёпиқ

faible / fort

паст / баланд

riche / pauvre

бой / камбағал

correct / incorrect

тўғри / нотўғри

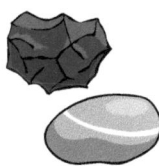

rugueux / lisse

нотекис / текис

triste / heureux

хафа / хурсанд

court / long

қисқа / узун

lent / rapide

секин / тез

mouillé / sec

нам / қуруқ

chaud / froid

илиқ / салқин

guerre / paix

уруш / тинчлик

0	**1**	**2**
zéro	un / une	deux
ноль	бир	икки
3	**4**	**5**
trois	quatre	cinq
уч	тўрт	беш
6	**7**	**8**
six	sept	huit
олти	етти	саккиз
9	**10**	**11**
neuf	dix	onze
тўққиз	ўн	ўн бир

12

douze

ўн икки

13

treize

ўн уч

14

quatorze

ўн тўрт

15

quinze

ўн беш

16

seize

ўн олти

17

dix-sept

ўн етти

18

dix-huit

ўн саккиз

19

dix-neuf

ўн тўққиз

20

vingt

йигирма

100

cent

юз

1.000

mille

минг

1.000.000

million

миллион

anglais

Инглиз

anglais américain

Америкача инглиз тили

chinois mandarin

Хитой тилининг Мандарин лаҳчаси

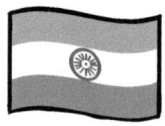

hindi

Ҳинд

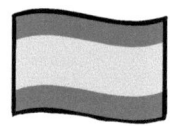

espagnol

Испан

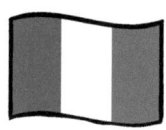

français

Француз

arabe

Араб

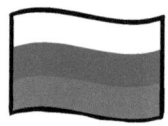

russe

Рус

portugais

Португал

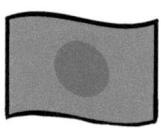

bengali

Бенгал

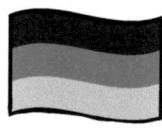

allemand

Немис

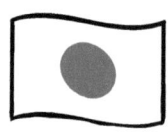

japonais

Япон

je

Мен

tu

Сен

il / elle / ce, c', cela

у / у / у

nous

биз

vous

сизлар

ils / elles

улар

Qui ?

ким?

Quoi ?

нима?

Comment ?

қандай?

Où ?

қаерда?

Quand ?

қачон?

nom

исм

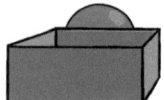

derrière

орқада

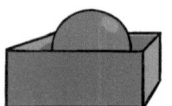

dans

ичида

devant

олдида

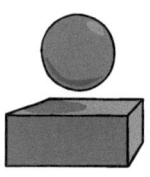

au-dessus

узра

sur

устида

en-dessous

тагида

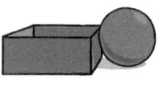

à côté de

ёнида

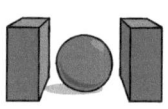

entre

ўртасида

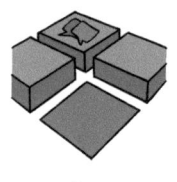

lieu

жой